ОБЯСНЕНИЕ НА
ВЪЗКРЕСЕНИЕТО:
СЪРЦЕВИНАТА НА ХРИСТИЯНСТВОТО

ДЕЙВИД ПОУСЪН

ANCHOR

Copyright © 2024 David Pawson Ministry CIO

Правото на Дейвид Поусън да бъде идентифициран като автор на това произведение е заявено от него в съответствие със Закона за авторските права, дизайна и патентите от 1988 г.

Публикувано за пръв път във Великобритания през 2024 от Anchor, търговското наименование на David Pawson Publishing Ltd
Synegis House, 21 Crockhamwell Road,
Woodley, Reading RG5 3LE

Никоя част от тази публикация не може да бъде възпроизвеждана или изпращана в каквато и да е форма или по какъвто и да е начин, електронен или механичен, включително фотокопиране, записване или каквато и да е система за съхранение и извличане на информация, без предварителното писмено разрешение на издателя.

За още поучения на Дейвид Поусън,
включително на DVD и CD, посетете:
www.davidpawson.com

БЕЗПЛАТНИ МАТЕРИАЛИ ЗА СВАЛЯНЕ:
www.davidpawson.org

За повече информация:
имейл: info@davidpawsonministry.com

Библейските цитати са от „БИБЛИЯ или Книгите на Свещеното Писание на Стария и Новия Завет ново ревизирано издание на Библията, проект Живо Слово"

Copyright върху текста на Библията Фондация „Библейска лига", София, декември 2001 г.

Използвани с разрешение.

ISBN 978-1-913472-97-9

Отпечатано от Ingram Spark

Тази брошура се базира на лекция. И тъй като е основана на устно изложение, много читатели ще забележат, че стилът ѝ донякъде се различава от обичайния ми стил на писане. Надявам се, че това няма да отнеме от същината на библейското поучение, което се съдържа в нея.

Както винаги, моля читателя да сравнява всичко, което казвам или пиша, с написаното в Библията и, ако открие каквото и да е противоречие, винаги да се доверява на ясното поучение на Писанието.

Дейвид Поусън

ОБЯСНЕНИЕ НА ВЪЗКРЕСЕНИЕТО:
СЪРЦЕВИНАТА НА ХРИСТИЯНСТВОТО

Хубавото на това да четем Библията е, че всяка дума, която прочитаме, си струва да се знае. Нека погледнем 1 Коринтяни 15:

> Още, братя, напомням ви благовестието, което ви проповядвах, което и приехте, в което и стоите, чрез което се и спасявате, ако го държите според както съм ви го благовестил – освен ако сте напразно повярвали.
>
> Защото първо ви предадох онова, което и приех – че Христос умря за греховете ни според Писанията; че бе погребан; че беше възкресен на третия ден според Писанията; и че се яви на Кифа, после на дванадесетте, че след това се яви на повече от петстотин братя изведнъж, от които повечето и досега са живи, а някои починаха; че после се яви на Яков, след това на всички апостоли; и че най-после от всички яви се и на мене, като на един роден след срока.
>
> Защото аз съм най-нищожният от апостолите и не съм достоен и апостол да се нарека понеже гоних Божията църква. Но с Божията благодат съм, каквото съм; и дадената ми Негова благодат не бе напразно, но трудих се повече от всички тях – не аз, обаче, но Божията благодат, която беше с мене. И тъй, било аз, било те, така проповядваме, така и вие сте повярвали.
>
> Ако се проповядва, че Христос е възкресен от

мъртвите, как казват някои между вас, че няма възкресение на мъртвите? Ако няма възкресение на мъртвите, то нито Христос е бил възкресен; и ако Христос не е бил възкресен, то празна е нашата проповед, празна е и вашата вяра. При това, ние се оказваме и лъжесвидетели относно Бога; защото свидетелствахме за Бога, че е възкресил Помазаника; Когото не е възкресил, ако е вярно, че мъртвите не възкръсват. Защото, ако мъртвите не възкръсват, то и Христос не е бил възкресен; и ако Христос не е бил възкресен, суетна е вашата вяра, вие сте още в греховете си. Тогава и тези, които са починали в Христа, са погинали. Ако само в този живот се надяваме на Христа, то от всичките човеци ние сме най-окаяните.

Но Христос наистина е бил възкресен, първият плод на починалите. Понеже, както чрез човека дойде смъртта, така чрез човека дойде и възкресението на мъртвите. Защото както в Адам всички умират, така и в Христа всички ще оживеят. Но всеки на свой ред: Христос – първият плод, после, при пришествието на Христа, тези, които са Негови. Тогава ще бъде краят, когато ще предаде царството на Бога и Отца, след като унищожи всяко началство и всяка власт и сила. Защото Той трябва да царува, докато положи всички врагове под нозете Си. И смъртта, най-последен враг, и тя ще бъде унищожена, защото Бог „е покорил всичко под нозете Му". А когато се казва, че всичко Му е вече покорено, явно се изключва Този, Който Му е покорил всичко. Когато всичко Му бъде покорено, тогава и сам Синът ще се покори на Този, Който Му е покорил всичко, за да бъде Бог всичко във всички.

1 Коринтяни 15:1-28

Всяка неделя е уникална, защото един евреин, живял преди две хиляди години, беше екзекутиран като опасен престъпник на тридесет и три годишна възраст. Той престоя в гроба Си три дни и три нощи, и след това се върна при приятелите си на четвъртия ден и вечеря с тях. Той остана с тях около шест седмици и след това изчезна, и не е бил виждан оттогава.

Милиони вярват, че е още жив и че ще се върне на планетата Земя. Има световна религия, основана на това, от която и ние сме част. Една трета от населението на света изповядва, че вярва във фактите, които току-що ви представих. Приятели и врагове на християнството знаят, че всичко зависи от това дали Исус е бил възкресен от мъртвите. Това е решаващият факт. Ако това не се е случило, ние сме участници в най-голямата измама в историята и трябва да затворим всички църкви. Всичко това би имало за основа откровена лъжа. Християнството би пропаднало напълно и ако това беше вярно, ние би трябвало да сме честни и да признаем, че сме изградили цялото нещо върху една лъжа и сме дали фалшив комфорт и заблуда на хората. Ако е така, тогава християнството трябва да отмре, защото е заблудило твърде много хора.

Мнозина биха се радвали църквата да изчезне, стига Исус да остане. Срещам много хора, които харесват Исус, но не харесват църквата. Това отношение се среща много често в моята страна. Те не осъзнават, че Исус каза: „Дойдох, за да построя църква, за да построя Моята църква." Но това е точно така. Мнозина приемат Неговото благородно учение, хора като индиеца Махатма Ганди или руснака Достоевски. Те вярваха, че Исус е бил велик морален учител. Мюсюлманите вярват, че Той е велик пророк, но нищо повече. Възкресението доказва, че Той не е просто велик учител или пророк.

Той е нещо много повече.

Без възкресението не бихте могли да повярвате в Исус. Той каза такива неща за Себе Си, които са просто неверни, ако Той не е възкръснал от мъртвите. Ако е възкръснал, всичко, което е казал, е вярно, и Неговата истинност е доказана пред света. Изборът, който имаме относно Исус, е, че Той беше или лунатик, или лъжец, или Господ! Всеки човек в този свят трябва да реши кое от тези три неща са истината. Или, казано по друг начин, Той беше или луд, или негодник, или Бог. Вие трябва да решите.

Вярно е, че има някои, които дори отричат смъртта Му, но ние вярваме, че Той умря, че беше погребан и че възкръсна, преди тялото Му да изгние в гроба. Това е сърцевината на християнската вяра. Вярата не се основава на чувства, а на факти, и сега искам да кажа, че аз боравя с факти. Първо ще говоря за тези факти и за доказателствата за тях. Но след това искам да премина към значението на тези факти, защото повечето християни изглежда наистина не разбират важността на възкресението на Исус от мъртвите.

Шестте неща, за които искам да ви говоря, са: на първо място, *последователността на възкресението*. Нека си изясним историята, нека да разберем фактите правилно и мисля, че някои от вас ги очакват няколко изненади. След това ще премина към *доказателствата за възкресението на Исус от мъртвите*, ако приемем, че не сте християни и че трябва да се убедите, че то наистина се е случило. Трето, искам да ви насоча към *важността на случилото се*, към същността на неговия смисъл. Така че ще разгледаме *същината на възкресението*: каква е сърцевината му. След това искам да говоря за *последствията от възкресението* за вас и за целия свят, в който живеем. И накрая, *опитността на възкресението*, защото това е, което окончателно ви убеждава –когато сами срещнете възкръсналия, възнесен, жив Господ. Това е дневният ред.

Последователността на възкресението
Нека преминем към фактите. Нека да ги разберем правилно – тук имам две изненади за вас. Първо, Исус не е умрял в петък. Знам, че църквата учи това от стотици години, но то не отговаря на фактите. И второ, Той не е възкръснал в неделя сутрин. Това е вторият факт, който трябва да разберете. Защото има привидни противоречия в евангелската история – някои от Евангелията казват, че Той е бил в гроба три дни и три нощи, а тях не можете да ги поберете между петък следобед и неделя сутрин; просто не е възможно. Чудили ли сте се някога за това, когато сте чели тези пасажи? Надявам се да сте се чудили. Но други Евангелия казват, че Той е бил жив на третия ден. И тези две твърдения си противоречат взаимно. Защо тогава църквата е приела традицията (защото това е традиция), че Той е умрял в петък следобед? Защото всички знаем, че трябваше да бъде погребан бързо, след като умря. Той умря в три часа следобед и беше погребан преди шест часа вечерта, защото започваше съботният ден, а Той трябваше да бъде погребан преди съботата.

Съботата е ден за почивка, в който не може да се погребват хора. Така че те побързаха с погребението. Но само ако хората четяха Библията внимателно, те щяха да знаят, че *тази* събота не беше просто една събота, не беше *седмичната* събота. Евангелието на Йоан ни казва, че това беше специална събота, тържествена събота, специален ден за почивка и празненство. Еврейският празник Пасха, който може да бъде във всеки ден от седмицата, започваше с един специален съботен ден за почивка и точно преди тази събота, която можеше да е във всеки ден от седмицата, Исус умря в три часа следобед. Значи не беше петък. Самият Исус каза: „Ще бъда в гробницата три дни и три нощи", така че не може да е било в петък.

Сега ще ви кажа какво вярвам, че отговаря на доказателствата. Той умря в сряда следобед в три часа в деня преди Пасха. Това е от голямо значение, защото гърлата на хиляди агнета бяха прерязани в три часа следобеда в деня преди съботата преди Пасхата. Той умря точно в този момент, поради което Новият завет казва: „нашата Пасха, Христос, беше заклан за нас."

Когато казвам, че Той не е възкръснал в неделя сутрин, трябва да имате предвид, че еврейският ден започваше в 6 часа предишната вечер при залез слънце, така че евреите пресмятаха дните от залез до залез. Следователно седмичната събота беше в събота и приключваше в 6 часа вечерта, а след това започна първият ден на седмицата – първият работен ден от седмицата започваше в 6 часа в събота вечер. Има само едно нещо, което би обяснило фактите и това е, че Исус възкръсна между 6 и 12 часа в полунощ в събота вечер. За евреите това беше първият ден от седмицата. Това го разбираме от разказа за жените, които дойдоха на гроба много преди да се разсъмне на следващата сутрин, а гробът вече беше празен.

Така че двата факта, които искам да споделя с вас са, че Исус е умрял в сряда следобед в три часа в деня преди Пасхалната събота, когато започна Пасхата в тази седмица, и че е възкръснал в събота вечерта между 6 часа и полунощ. Това е важно, защото за евреина това беше първият ден от седмицата. Това, което наричаме неделя, за евреите не започва в полунощ, за тях неделята започва по залез предишния ден. Това е така заради първа глава на Битие. Ние смятаме, че един цял ден се състои от сутринта и нощта, от деня и нощта, от сутрин и вечер. Но Библията започва със „стана вечер, и стана утро, ден първи" и поради това евреите и досега отчитат дните от залез до залез в съответствие с Писанието. Но римляните, на които се основава нашият календар, отчитат дните от полунощ до полунощ. Ние също не смятаме, че денят е започнал преди полунощ и знаем, че ще приключи пак в полунощ. Това е западен обичай, който ние сме наследили от римляните.

Сега стигаме до решаващия момент: във вашия Нов завет еврейската нация беше окупирана от римляните и това доведе до затруднението да се борави с два календара или два часовника. Ако Исус е умрял в сряда следобед и е възкръснал в събота вечер след 6 часа, тогава всичко, казано за хронологията, пасва перфектно. От това следва, че Той е престоял три дни и три нощи в гробницата според еврейския календар, както самият Той каза, че ще се случи, но Той също така възкръсна на третия ден според римския календар, защото според тях от 6 часа до полунощ в събота беше третият ден. Изведнъж всичко в Библията пасва идеално.

Успях да потвърдя това – още една изненада за вас: Исус не е роден в нулевата година. Нашият календар е грешен. Ирод Велики, който се опита да Го убие, когато се роди, и уби много от братовчедите Му (всъщност няколкостотин роднини и приятели на Исус бяха убити, когато Той се роди) умира през 4 г. пр. н.е., така че се боя, че календарът, който използваме две хиляди години по-късно, е сгрешен поне с четири години. Но ако приемем, че Исус е роден в 4 пр.н.е., аз направих малко проучване и разбрах, че през 29 г. сл. н.е., когато Той е бил на тридесет и три и убит, Пасхата започвала в четвъртък. Тази първа събота била в четвъртък.

Следователно, Той е умрял в сряда, ден преди Пасхата да започне, когато агнетата бяха убивани, според книгата Изход, в три часа следобед. Изведнъж всичко в Библията се напасва. Размислете за това. Не искам да кажа, че вашата вяра зависи от това, което току-що ви казах. Това, което е важно, е, че Исус възкръсна в първия ден от седмицата. Това е от решаващо значение. Не е толкова важно в кой ден е умрял. Важното е, че умря за вас – това е фактът, който трябва помните. Аз просто се опитвам да кажа, че боравя с исторически факти, а не с теории, митове или легенди. Когато погледнете всичко, което Библията казва за смъртта и възкресението на Исус, има противоречия, докато не използвате хронологията, която сега изложих пред вас.

Така че Той възкръсна в първия ден от седмицата, а тя започваше при залез слънце в събота. Някои хора смятат, че е възкръснал точно навреме за неделното утринно богослужение. Това не е така. Той беше излязъл от гроба много преди изгрев слънце според вашата Библия и ако е възкръснал в тези шест часа на първия ден от седмицата през нощта на предишния ден, това пасва идеално. Също така пасва на фразата „третия ден", защото четвъртък, петък, събота, според римското мислене, от полунощ до полунощ, прави този ключов период третия ден според римското време и първия ден от седмицата според еврейското време.

Надявам се да намирате това за интересно. В края на книжката съм включил диаграма, която разработих, за да можете да проверите в своите Библии как всичко се напасва. Но това е само датата, това е просто хронологията. А каква беше последователността? Последователността беше, че когато Той умря, Го погребаха в гробницата в скалата, търкулнаха камък срещу отвора и бяха нужни между двадесет и тридесет души, за да се търкулне този камък; беше голям камък, трябва да е тежал няколко тона. (Тази цифра, между другото, е в един ръкопис на Евангелието от Марк. Бил е голям, тежък камък.) След това той беше запечатан и беше наредено на войници да пазят гроба три дни и три нощи. Всичко това се случи, защото Той беше казал, че Бог, Неговият Баща, няма да Го остави да изгние в гроба и за тях беше жизненоважно да Го задържат там вътре. Затова и поставиха охрана от войници. Това, разбира се, е причината жените, които искаха да помажат тялото Му, да не дойдат преди ранната неделна сутрин, защото знаеха, че там три дни ще има войници. В четвъртък, петък и събота щеше да има войници, които нямаше да ги допуснат до гроба, за да помажат тялото, както искаха да направят, защото Той беше погребан толкова набързо, че жените не бяха имали време да се подготвят. Всъщност двама евреи помазаха тялото на Исус за погребение, но направиха това много набързо. Единият беше Никодим, който беше идвал да види Исус под прикритието на тъмнината, а другият беше човек на име Йосиф, който беше роден в място, наречено Ариматея. Тези двама мъже се погрижиха за погребението на Исус и помазаха тялото Му, като успяха за по-малко от три часа да Го подготвят за погребението.

Ето как са подготвяли мъртвите за погребение. Вземаха дълъг чаршаф, който увиваха около тялото от гърдите до стъпалата – тялото беше напълно покрито от него. Докато го завиваха, слагаха миро и благоухания в плащаницата, за да предпазят тялото от вмирисване – на практика това беше полубалсамиране. След това вземаха друга тясна ивица от плат и го увиваха около главата от челото нагоре, като тюрбан, което означаваше, че лицето и раменете все бяха открити и се виждаха от хората, дошли да посетят гроба. Това направиха двамата мъже, но набързо. Жените може би дори не са знаели, че те са успели да се справят с това, но бяха решени да дойдат колкото е възможно по-скоро и сами да помажат тялото с приготвените от тях аромати. Така че те дойдоха рано сутринта в неделя. Защо не дойдоха в петък, между съботата, която се падна в четвъртък и седмичната събота в събота? Имаше един ден, когато им беше разрешено да работят. Но те се бяха сетили, че войниците щяха да са там по това време, така че трябваше да чакат до неделя.

Бяха вече изминали половината път до гроба, когато спряха, спогледаха се и си казаха: „Кой ще ни отвали камъка?" Ако бяха нужни двадесет мъже, за да го поставят на мястото му, половин дузина жени нямаше успеят да влязат. Когато стигнаха до гроба, видяха, че камъкът е преместен и че войниците ги няма - те се бяха уплашили от земетресението и от някои привидения. Когато жените стигнаха там, видяха, че камъкът лежи на земята и че един ангел е седнал на него.

В Англия един адвокат написа книга, наречена „Кой премести камъка?" Първата глава е озаглавена „Книгата, която отказа да бъде написана". Беше започнал да пише, за да докаже, че Исус не е възкръснал от мъртвите и така да дискредитира християнството и в първата глава той разказва как, когато изследвал доказателствата, повярвал, и се наложило да напише различна книга. Неговият отговор е, че ангелът е отместил камъка. Ангелите са много по-силни от нас. Те са по-красиви от нас, те са по-интелигентни, те са по-могъщи. Те са най-висшето създание на Бог. Ние сме втори, а животните са една степен надолу. Така че човекът не е номер едно в творението, както ще ви кажат всички еволюционисти; ние не сме върхът на творението – но ангелите са. Те са най-висшите създания и е нужен само един ангел, който да претъркoли камъка и след това да седне отгоре. Харесва ми това: презрението, което той изпитваше към този камък. Премества го и сяда върху него. Това наистина се случи и жените откриха, че гробът е празен.

Една от тях се не си тръгна веднага. Тя така обичаше Господ, че искаше тялото Му, и когато до гробницата в градината видя мъж, когото помисли за градинаря, тя каза: „Какво се е случило с тялото? Кажи ми къде са Го преместили, и аз ще дойда да го взема, защото искам това тяло." Тя се наведе, когато казваше това и беше хванала градинаря за глезените, така е казано, когато един глас каза: „Спри да се вкопчваш в Мен. Спри да се допираш до Мен, Мария." Начинът, по който каза името ѝ, беше достатъчен.

„Равуни, това Ти ли си?" Тя беше първата, която узна, че Исус е жив. Той ѝ каза: „Иди и кажи на братята Ми, кажи им, че ще ги чакам в Галилея, иди и им кажи…" И тя изтича да им каже.

А учениците, когато чуха това, не повярваха. Така е казано. Те не можеха да повярват, че Исус отново е жив. Това беше просто нечувано. Три дни, три нощи в гробницата, запечатана, охранявана – как би могъл да излезе? Така че те изтичаха до гробницата, за да разберат какво се беше случило и Петър и Йоан изпревариха останалите и стигнаха първи. Милият Петър, той беше толкова необуздан. Обичам Петър. Всеки път, когато отвори устата си, се изказва неподготвен (аз напълно го разбирам) – той се втурна вътре. Йоан застана до входа на гробницата и просто погледна вътре, но забеляза нещо невероятно. Петър не го беше видял, но Йоан го видя: тюрбанът все още беше навит, но беше паднал на пода, а дългото платно, с което беше увита останалата част от тялото, също лежеше на пода, все още навито, и по пода нямаше разпилени ароматни билки. Пише как Йоан повярва в този момент, че нещо свръхестествено се е случило, че съвсем не е свидетел на естествено събитие.

Бог със сигурност се беше потрудил в гробницата и Йоан осъзна, че тялото на Исус просто е изчезнало, че гробните дрехи са оставени, и Йоан беше първият, който повярва. По-късно същия ден Исус се яви на двама свои роднини. Не близки роднини, мъж и жена му, които вероятно бяха чичо и леля на Исус. Той вървя с тях по дългия път обратно към дома им късно през нощта и те Му казаха колко разочаровани са от Исус. Те бяха си мислели, че Той ще изкупи Израел, а Той не беше го направил. Тогава те стигнаха до дома си и тъй като Той вървеше пеш, а вече беше тъмно, Му казаха: „Ела и остани с нас за през нощта." Тогава се случи нещо невероятно. Когато седнаха да вечерят, направиха каквото всеки евреин прави, и това е да даде на госта да разчупи хляба, за да може да откъсне по-голямо парче за себе си. Това е учтивост. Дадоха Му хляба, за да го разчупи и за първи път погледнаха ръцете му. Изведнъж очите им се отвориха, а Той се загуби, изчезна. Но сега те знаеха, че Той е жив и започнаха да си спомнят разговора, който бяха водили с Него. Беше ги превел през целия Стар завет и им беше показал всичко за Себе Си - че трябваше да умре, че трябваше да влезе в Своята слава чрез страдание и че беше направил точно това.

И така, въпреки че беше тъмно и пътят до Йерусалим беше дълъг, те изтичаха обратно, намериха учениците и казаха: „Той е жив! Той е жив!" Учениците не вярваха – въпреки че Йоан беше повярвал, останалите не можеха да повярват. Докато говореха, се появи Той и отправи еврейския поздрав, който е прекрасна дума: „Шалом", което означава хармония с Бога, хармония с природата, хармония с другите хора, и хармония със себе си. Това е чудесна дума – „Шалом"; това беше първата дума, която Исус им каза. Тома, за съжаление, не беше там. Отне една седмица, за да се убеди и той, и самия Исус направи това по такъв начин, че Тома каза: „Господ мой и Бог мой!" Той беше първият човек, който нарече Исус Бог без никакви уточнения. Петър Го беше нарекъл Божий Син, Марта Го беше нарекла Божий Син, но Тома Го нарече Господ, и това беше истината. Това е, много накратко, последователността от събития, които наричаме възкресението.

Доказателствата за възкресението на Исус от мъртвите

Но трябва да разгледаме фактите много по-задълбочено. Искам първо да продължа с доказателствата, които можем да дадем на хората, че това е историческо събитие. Трябва да направим това, да убедим хората, че наистина се е случило. Позволете ми първо да кажа, че нямаме някакви *видими* доказателства. Нямаме тялото и не можем да покажем живото тяло. Скептиците също не могат да покажат мъртвото тяло, така че сме в патова ситуация. Разбирате ли какво казвам? Ако християните можеха да покажат живото тяло и хората да го видят, това би ги убедило. Ако скептиците можеха да покажат мъртвото тяло и да намерят костите му някъде в Близкия изток, те биха могли да докажат своята теза. Но никой не е успял да направи нито едно от двете. И така, какъв вид доказателство имаме ние? Не можем да намерим никакви научни доказателства, че Той е възкръснал от мъртвите. Нека бъдем честни, науката може да докаже нещо само по един от двата начина: или чрез наблюдение или чрез възпроизвеждане в лаборатория. Учените не могат да направят нито едно от двете с възкресението; те не са били там, за да го наблюдават, и не могат да го повторят в лабораторията.

Така че какви доказателства можем да представим? Отговорът е ясен: юридически доказателства, или казано иначе, исторически доказателства. Както става във всяко съдебно дело, когато лично не сме видели нещо да се случва. Ние ще разгледаме дело за убийство. Никой в съда не е видял какво се е случило. Откъде знаят, че се е случило? Трябва да се представят правни доказателства. Има два вида доказателства. Най-добрият вариант е да разполагаме със свидетелство на очевидец. Ако това не убеди съдебните заседатели, тогава се представят косвени доказателства, които могат да ги убедят, че извън всякакво съмнение убийството се е случило и този човек е убиецът. Всеки правен казус трябва да предостави такъв вид доказателства. Нека се опитаме да си представим това. При Белите скали в южна Англия има една огромна скала, наречена Бийчи Хед. Един ден женско тяло е намерено в подножието на Бийчи Хед. Въпросът е: тя паднала ли е или е била бутната? Съпругът е арестуван и съден за нейното убийство. Ако имаше свидетелства на очевидци, това би било много добро доказателство. Ако един свидетел каже: „Видях мъжа да върви с жена си до Бийчи Хед и после го видях да се връща без нея", това би било доста добро доказателство. Ако някой го е видял да я блъска, това би било решаващо. Показанията на очевидци са добро доказателство. Но ако никой не е видял нищо, ще бъдат привлечени косвени доказателства. Фактът, че една седмица преди това той е направил огромна застраховка „Живот" на жена си, би бил косвено доказателство. Фактът, че съседите редовно са го виждали с друга жена, когато съпругата отсъства, и жената е идвала в къщата, би бил добро косвено доказателство, а откритието, че е резервирал полети до Карибите за себе си и още един човек точно преди всичко да се случи, също би било добро доказателство. Косвените доказателства биха се натрупали. Всяко отделно доказателство може и да няма голяма роля, но това, което наричаме кумулативни доказателства, би било решаващо.

Ние имаме и двата вида доказателства за възкресението на Исус. От една страна имаме показанията на очевидци. Когато прочетете свидетелствата на Матей, Марко, Лука и Йоан, в тях има една поразителна особеност – те не съвпадат. Има малки детайли, които се различават и точно това убеждава адвокатите, че всички те са свидетелства на очевидци. Ако всички разказват една и съща история, те са се наговорили и действията им могат да бъдат определени като съглашателство. Ако има малки разлики: например, някой е бил блъснат на улицата и един свидетел казва, че куче е тичало пред колата, а тя е завила, за да избегне кучето и е ударила човека. Друг свидетел ще каже: „Видях това, но имаше две кучета, не едно, и едното куче гонеше другото пред колата." Има леко несъответствие тук, което убеждава закона, че и двамата казват истината независимо един от друг.

Едно Евангелие казва, че имало един ангел при гробницата; друго Евангелие казва, че са били двама. Противоречие? Не! Единият свидетел е видял един ангел, а другият - двама. Точно тези несъответствия между свидетелствата на очевидци убеждават адвокатите, че четат показанията на независими свидетели. Матей, Марко, Лука и Йоан не са се събрали да решат да съчинят история. Ако бяха го направили, щеше да има перфектно съгласие и всички биха казали едно и също нещо. Аз се опитвам да ви покажа, че имаме реални доказателства. Имаме показания на очевидци. Те са видели тези неща и са ги описали всеки със свои думи. Някои малки подробности се различават. Но това не доказва, че те грешат, а че са прави.

Имало е около петстотин очевидци, които все още са били живи по времето на Павел. Петстотин души бяха видели възкресението със собствените си очи и всички биха могли да свидетелстват в съда. Но дори и да нямахме такива показания на очевидци, косвените доказателства биха били необорими. Факт е, че учениците, които се криеха зад заключени врати, излязоха и публично обвиниха убийците на Исус – а това означаваше сами да си потърсят смъртта. Страхувам се, че платиха точно тази цена. Знаете ли, че от дванадесет апостоли единадесет са убити? Само един, Йоан, е починал от старост. Те можаха да направят това, защото проповядваха, че Христос възкръснал от мъртвите и следователно е Цар – не само на евреите, но и на целия свят. В Римската империя това беше предателство: някой да стане и да каже, че има друг цар, значеше да се обрече на смърт в една империя, управлявана от император, наречен Цезар.

Това е само едно от косвените доказателства. Друго е, че евреите, които повярваха, че Исус беше възкресен от мъртвите, промениха своя богослужебен ден от събота в неделя. За такова нещо никога не се е чувало – някоя религия да промени деня си на поклонение. Това е все едно всички мюсюлмани по света да започнат да се покланят в сряда – немислимо е. А ние виждаме евреи, които сега се покланят в неделя, първият работен ден от седмицата. Трябваше да стават много рано или да стоят до много късно, защото беше работен ден. Защо да правят тази промяна, освен ако нещо революционно не се беше случило? Мога да продължа да говоря за това. Доказателството, че живота на много хора и до днес се променя, че хора биват изцелени, че лоши хора стават добри хора само чрез вярата, че Исус е жив: това е доказателство. Това, че милиард и половина хора вярват в това, само по себе си не го доказва, но допринася за кумулативното натрупване на доказателства.

Имаме и свидетелски показания, и косвени доказателства, че Исус възкръсна от мъртвите. Ето защо има една професия, в която повече хора са станали християни, отколкото в която и да е друга, и това е адвокатската професия. Не е ли невероятно? Те разбират от доказателства. Много водещи юристи в моята страна са станали християни, защото са разгледали доказателствата, и когато човек направи това, вижда, че те са убедителни. Толкова са силни. Двама професори по право в Оксфордския университет били скептични по отношение а християнството и решили да се разделят за лятната ваканция. Всеки трябвало да проучи и запише какво е открил, за да докажат, че Исус е мъртъв. Те се разделили и се срещнали отново в Оксфорд през октомври, в началото на семестъра. Когато се срещнали, единият от тях казал на другия: „Много ми е неудобно." Другият попитал: „Защо?" Първият отвърнал: „Защото установих, че Той наистина е възкръснал от мъртвите. Доказателствата ме убедиха." Вторият казал: „Не знаеш какво облекчение е за мен, че казваш това, защото доказателствата убедиха и мен." Тогава те заедно написали една доста известна книга. Ето изявлението на върховния съдия на Англия: „Няма интелигентен съдебен състав в света, който да не излезе с решение, че историята на възкресението е истина." Върховният съдия на Великобритания!

Защо не всички са убедени? Защото не разглеждат доказателствата. Защо не вземат предвид доказателствата? Защото не искат. Ако това е вярно, тогава животът ти трябва да се промени. Ако това е вярно, тогава всичко, което Исус каза, е истина и това трябва да предизвика огромна промяна. Проблемът е, че хората не искат да разгледат доказателствата – те просто не искат. Те не искат да повярват, че Исус възкръсна от мъртвите. Ако само биха насочили съзнанието си към доказателствата, щяха да се убедят, и те затова ги избягват.

Всичко, което казах досега, се отнасяше до фактите, но християнството се основава на исторически факти, на неща, които са се случили, и дори самият Бог не може да промени миналото, след като се е случило. Сам Бог не може да постави Исус обратно в тази гробница. Той е извън нея. Той е жив! Но Той не е тук, и в това се крие една от трудностите, с които се сблъскваме, когато свидетелстваме.

Важността на случилото се

Нека сега да погледнем отвъд фактите. Аз имам научно, както и теологично образование, така че винаги се интересувам от фактите. Аз искам вярата ми да се основава на истината, а не на чувствата ми. Така че се обръщам към значението на възкресението. Какво означава то? Защо се е случило? Двете неща, които със сигурност означава, са тези: Първо, то удостоверява личността Му. Той беше Този, Който казваше, че е. По десет различни начина през живота Си Той каза, че е Бог. Нямаме достатъчно място в този обзор на възкресението да разгледаме всичко това. Той каза, че е Бог по десет различни начина и евреите пет пъти опитаха да Го убият, защото еврейският закон беше много ясен: да се наречеш Бог беше богохулство и заслужаваше смърт.

Повече от веднъж хора заплашиха Исус със смърт

и се опитаха да Го убият. Неговите собствени съседи и приятели в Назарет, веднага след като проповядва, Го заведоха до голям хълм близо до Назарет, който все още вижда, и се опитаха да Го хвърлят от него. Една проповед и се опитаха да Го убият. Това е рекорд за проповедник! Защо го направиха? Защото имаше лъжемесии, които се бяха появили в северен Израел, в Галилея, за които беше ясно, че са измамници – те бяха убити, но имаше ужасни последствия за селата, от които произлизаха. Римляните затриваха цялото село, ако фалшив месия се издигаше в него, за да сложат край на всичко. Когато Исус стана и заяви, че е Месията, като цитира Исая и след това каза: „Днес се изпълни това писание във вашите уши," хората от Назарет се уплашиха, че римляните ще направят обичайното и ще заличат Назарет. Затова поискаха да се отърват от Него. По-късно мъж, наречен Каиафа, щеше да каже: „Трябва да се отървем от този човек. По-добре този човек да умре, отколкото хората да загинат." Той също се страхуваше от римските окупатори. А един ден, когато Исус поучаваше, Той каза, че е приятел на Авраам. Ето затова казвам, че Той беше или луд, или негодник, или Бог – защото Авраам беше мъртъв от две хиляди години. „Не можеш да бъдеш приятел на Авраам; Ти си на по-малко от петдесет години! " Тогава Той каза: „Преди да се е родил Авраам, АЗ СЪМ." АЗ СЪМ, името на Бог, едно изключително твърдение. Веднага щом го каза, евреите взеха камъни, а в Светите земи навсякъде има камъни; те взеха камъните, за да Го убият. Те спонтанно, незабавно решиха да Го убият с камъни. Но и в двата случая с величественото си присъствие Той се отдалечи от тях и никой не Му навреди. Пет пъти се опитаха, докато Той сам не реши: „Настъпи времето да умра." Тогава Той каза: „Хайде, отиваме в Ерусалим."

Той предрече смъртта Си в детайли. Исус реши кога да умре, как да умре и къде да умре. Можем почти да кажем, че беше самоубийство – Той уреди собствената Си смърт.

Ето, това е първият аспект от значението на възкресението. То означава, че *Той е този, за Когото се представя*. Всички онези десет различни начина, по които Той претендираше за божественост: че е Единородният Син Божий, че има уникална връзка с Бог, която никой друг човек никога не е имал. Той дори наричаше Бог „Татко." Той използваше еврейската дума „Авва", което е същото като „Татко" и е най-задушевната дума, която можете да използвате за Бог. Никой евреин не би се осмелил да използва подобна дума. По всички тези начини Той намекваше, намекваше, намекваше, докато накрая Петър каза: „Знам кой си Ти. Ти си Божият Син." Имаше слухове, че Той е превъплъщение на велик човек от миналото, всякакви слухове, но Петър беше този, който пръв го каза: „Ти си Божият син, нали?"

И веднага след това стъпи накриво, защото когато Исус каза: „Сега мога да умра. Сега мога да направя това, което дойдох да направя. Нека отидем в Ерусалим," Петър каза: „Няма да умреш. Аз няма да Те оставя да умреш. Това е напълно погрешно." А Исус отвърна: „Махни се зад мен, сатана! Каквото каза по-рано, беше от Баща Ми, но каквото казваш сега, е от дявола." В този момент Той отиде направо в Йерусалим, за да умре.

Това ни довежда до втората важна страна на възкресението. *То не само потвърди личността на Исус, но потвърди Неговото дело*. Защото е истина, че Той наистина умря и че беше дошъл да умре в много ранна възраст, и че дойде да умре с най-унизителната, болезнена смърт, която някога е била измисляна за екзекуция на престъпници. Ето Го, на тридесет и три, провесен нависоко, прикован към дървото, чисто гол - без препаска, с каквато от християнско благоговение винаги е изобразяван. Напълно унижен и оставен там, за да умре. Но ето още една изненада за вас, Исус не умря, защото беше разпънат. Не беше кръстът това, което уби Исус. Защото всички свидетелства казват, че най-краткият период, в който разпънатите на кръст умират, е два дни. Много от тях са издържали по седем дни – толкова дълго човек може да оцелее. Обичайно минаваха от два до седем дни, докато настъпи смъртта, а Исус беше мъртъв след шест часа. Ключът е в това, което Той каза през тези шест часа. През първите три часа Той беше загрижен за другите хора. Беше загрижен за войниците, които го бяха приковали там: „Отче, прости им, защото не знаят какво правят." Беше загрижен за собствената си майка. Той каза: „Йоан, погрижи се за майка Ми вместо Мен." Йосиф вероятно вече е бил покойник по това време. Три часа слънцето грееше, и през тези три часа той беше загрижен за другите хора. Но тогава дойдоха ужасните три часа на кръста при пълен мрак. Дори слънцето угасна. Както звезда беше послужила за знак за раждането Му, слънцето отбеляза смъртта Му и спря да свети в продължение на три часа. В тъмнината Той беше ужасно жаден, извика за вода, а в жестокостта си Му дадоха оцет, от който се ожаднява повече. Беше по време на онези три часа тъмнина, когато Той извика, „Боже Мой, Боже Мой, защо си Ме оставил? Елои Елои, лама савахтани!" Чувстваше се съвсем сам. Какво означават тези три неща? Това означава, че Той преживяваше ада. Адът е много тъмно място, адът е място на голяма жажда, адът е място, където Бог не е. Той преживяваше ада, така че на теб никога да не ти се налага да отидеш там. Това е истината. Но защо Бог Го остави да умре? Отговорът е много прост: затова Бог Го беше изпратил тук, за да умре за нашите грехове; да преживее ада вместо нас. Затова беше дошъл. Затова Бог Го беше изпратил. И затова Бог не Го спаси. Той умря и учениците бяха разбити. Вярата им в Исус беше разбита. Той е мъртъв! Всичко свърши! Те бяха напуснали работата си, за да Го следват. Можете да си представите чувствата им през тези 3 дни и 3 нощи – тотална депресия. И тогава Той възкръсна от мъртвите. Това им показа не само, че е този, Който казваше, че е, но и че е направил това, което каза, че ще направи и е удовлетворил справедливостта на Бога.

Добрият Бог не може да прости греха, докато не бъде заплатено за него. Бог не може да прости нищо, докато за него не бъде платено, защото той е Бог на справедливостта, както и на милостта. Никога не приемайте Божието прощение като даденост. То е напоено с кръвта на Неговия Син. И възкресението доказа, че Бог прие Неговата смърт вместо нашата. Това е, което имаме предвид, когато казваме, че Той беше разпънат вместо нас. Така изведнъж учениците видяха, че всичко беше наред. Че беше редно Той да умре. Че беше прав, когато твърдеше, че е единственият Син на Бога. Сега всичко им се изясни и това коренно ги промени. Можете да си представите поврата. Бяха им нужни две и половина години, за да осъзнаят, че Той е Син на Бога и сега те разбраха, че Той е Божият Син, Който беше дошъл да умре за техните грехове. Те вече разбраха евангелието и отидоха навсякъде да го проповядват.

Същността на възкресението

Но още не съм свършил. Следващото нещо, което искам да разгледам, е същността на възкресението.

Какво имам предвид с това? Имам предвид същината на случилото се. Това беше акт на съзидание на Създателя. В Новия завет не се казва, че Христос възкръсна от мъртвите; казва се, че беше възкресен от мъртвите. Той не направи това, Бог го направи. Бог беше Този, Който, в тъмнината на гробницата, Му даде чисто ново тяло, точно както по-рано, в тъмнината на утробата на Мария, Бог беше създал тяло за Исус. Сега, в тъмнината, Бог създаде ново тяло за Исус. На външен вид то беше като старото тяло, но беше уникално различно. То все още носеше белезите от пироните. Но Бог беше действал със съзидателна сила в тази гробница, или, просто казано, Бог отново работеше. Бог беше работил при създаването на света и след това той си почина, и почивката продължи хиляди години, през които нищо ново не беше създадено. Думата „нов" почти не се среща в Стария завет, освен в един текст, за който се сещам: „Ето, няма нищо ново под слънцето." Думата „нов" отново започва да се употребява в Новия завет, защото Бог е създал нещо ново. Бог се върна на работа – създавайки от нищото.

Нека ви задам един въпрос и ще се изненадам, ако някога сте си го задавали. Когато Исус беше възкресен от мъртвите, плащаниците останаха в гроба, така че откъде мислите, че е взел дрехите си при възкресението? Със сигурност не се е явил на Мария гол, а наблизо е нямало магазин. Тогава откъде взе новите Си дрехи? Отговорът е: от същото място, от което взе новото Си тяло. Бог ги създаде от нищото. Вие ще бъдете в рая облечени, но не е нужно да събирате багаж, за да отидете там. Ще ви бъдат дадени нови дрехи – създадени от Бог. Възкресението беше акт на сътворение. Други хора бяха върнати от смъртта в старите си тела, само за да умрат отново. Лазар се върна в старото си тяло, за да умре отново. Синът на вдовицата от Наин също... Множество хора бяха възкресени от мъртвите в Стария и Новия завет, но никой от тях не получи нов живот. Те се върнаха към живота. Те бяха върнати обратно в стария си живот и всички умряха отново. Може би затова се казва, че Лазар никога повече не се е усмихнал – защото се е върнал в този живот след като се е измъкнал от него.

Но Исус се върна в ново тяло – дело на сътворение – ново тяло, което можеше без затруднения да преминава през стени и заключени врати. Преди Той никога не беше правил това. Ново тяло, ново творение. С други думи, първата част от старото творение, която Бог направи нова, беше тялото на Исус и затова Той е наречен „Първородният на творението". Той е първият и засега единственият, получил новосъздадено тяло, което не остарява. През 2000 г. църквите поставиха плакати: „2000 години от рождението на Исус". Но съвсем не е така – Той не е остарял ни най-малко. Той има тяло, което не остарява. Той все още е на 33, в разцвета на силите Си – защото това не беше старото тяло; беше ново тяло. Да, външния вид беше този, който те разпознаха, но то беше ново тяло и това е много важно за нас. И това се случи в първия работен ден от седмицата за евреите. Ето защо ние имаме богослужение в неделя – защото Бог се върна на работа.

Новото творение започна и ние сме Неговото ново творение. „Ако някой е в Христос, той е ново творение," казва Павел. Само че има голяма разлика между първото и новото творение. Първото творение започна с небето и земята и завърши с мъжете и жените. Новото творение е в обратен ред - Той първо създава нови мъже и жени и след това ще направи ново небе и земя, в която да живеят. Значи Той е обърнал последователността и цялата Библия ви казва защо: защото Той иска вие да сте част от новото Му творение и това е удивителната истина на Новия завет - че този път Той е започнал с хората, че този път започна със Своя Син. И следователно възкресението в първия работен ден от седмицата ни казва, че Бог е започнал „втората седмица" на сътворението, и ние живеем в нея точно сега. Бог създава нови мъже и жени, всъщност предимно в неделя. И хората биват обновени чрез евангелието – след като го приемат. Ето защо ние се покланяме в неделя. Ние казваме, че Бог отново работи. Това не е ден за почивка; всъщност за повечето християни неделя е всичко друго, но не и ден за почивка. Ние празнуваме това, че Създателят отново работи.

Последиците от възкресението
Последиците от възкресението за отделните хора и за целия свят, в който живеем. Последствието за нас е, че един ден и ние ще бъдем възкресени. Бог не просто спасява твоята душа; той иска да спаси цялото. Той иска за да изкупи телата ни. Всяко човешко същество минава през три фази на съществуване и те ще са валидни и за вас. Първата фаза е живот тук в тялото. Аз все още съм в тази фаза. Все още съм в тялото си, но на 83 години не знам колко дълго ще продължи това. Но след това, при смъртта, ще премина във втората фаза – в безплътна фаза, когато ще съм дух без тяло; напълно съзнателен дух, способен да общува, но без физическо тяло. Павел говори за това в пета глава на 2 Коринтяни. Той казва „Ще се съблека." Той каза: телесната скиния, в която съм живял, ще бъде развалена – ще бъда безплътен дух. От една страна, не очаквам с нетърпение това, защото нашите тела са, които ни помагат да бъдем активни и да правим толкова много неща. И тогава той пак се замисля

и казва: не, по-добре е да съм с Христос. Да бъда у дома с Господ, дори и без тяло. Аз често използвам това за утеха на умиращите. Ще загубите тялото си, но няма да загубите себе си. Ще продължите да съществувате. Вашият дух надживява смъртта. Две минути след като умрете, ще знаете кои сте, къде сте и с кого сте. Това е много важно... Никой не престава да съществува след смъртта. Библията доста ясно говори за това.

Но един ден, един ден ти ще бъдеш възкресен и ще получиш чисто ново тяло като Неговото славно тяло. На 83 аз чакам с нетърпение отново да стана на 33 и да не остарявам. Не е ли вълнуващо да имаме тяло като Неговото славно тяло, да бъдем отново млади и във форма. Чудесно! Алилуя!

Казах ви какви ще бъдат последствията за мен. Това почти не се среща в Стария завет, макар че в Данаил се казва: „Множеството на спящите в пръстта на земята ще се събудят – едни за вечен живот, а други за срам и вечно презрение." Защото когато получим новото си тяло, то трябва да живее някъде и има две места, където може да живее – две, не едно. Исус каза: Не се учудвайте на това, защото идва време, когато всички, които са в гробовете си, ще чуят Неговия глас, гласа на Човешкия Син и ще излязат от гробовете си. Тези, които са правили добро, ще възкръснат за живот, а онези, които са вършили зло, ще възкръснат, за да бъдат осъдени. Всички ще възкръснат. Добрите хора ще възкръснат, лошите хора ще възкръснат. Това е следствието от Неговото възкресение. Но те няма да възкръснат, за да отидат на едно и също място. Павел казва пред управителя Феликс: „Надявам се на Бога, че ще има възкресение на праведни и неправедни." Хитлер ще възкръсне. Ти също ще възкръснеш. Но за какво ще възкръснеш, ще зависи много от това как си живял живота си тук. Това е една последица от възкресението на Исус за всеки човек. Ние всички няма да възкръснем в един и същи ден. Според моя Нов завет, ще има две възкресения, първото – на праведните, на онези, които обичат Исус; и много години по-късно на останалите от човечеството ще бъдат дадени нови тела и те ще възкръснат. Междувременно, Христос ще управлява този свят и затова първо ние ще възкръснем с Него. Блажен е този, казва писанието, който участва в първото възкресение, защото ние ще възкръснем, за да Му помогнем да управлява света. Той се завръща, за да бъде Цар на царете и Господ на господарите и ще има нужда от хора, за да Му помагат. И затова Той възкресява първо тези, за които знае, че ще Му помогнат. Тези, които Му помагаха тук, ще възкръснат. Така че всеки ще получи ново тяло, но не по едно и също време и със сигурност няма да отидем на едно и също място. Защото второто възкресение е за всички, и то ще бъде незабавно последвано от Деня на Страшния съд, в който хората ще видят, че раят и адът са реални.

Казваме „рай и ад", но всъщност става сума за ново небе и нова земя, а не за място, наречено рай – съвсем нова планета Земя. Ние сме единствените хора във Вселената, които знаят за това. Никой друг не знае, че ще има друга планета Земя и друг космос около нея.

Опитността на възкресението
Нека разгледаме опитността на възкресението. Ако ме попитате как знам, че Исус е жив, отговорът е много прост – говорих с Него тази сутрин. Това е върховното доказателство за възкресението – когато приемете, че Исус е жив и говорите с Него. Веднъж проповядвах в църква в Англия и там имаше една еврейка, която седеше в събранието, хубаво момиче. Не знаех, че е тя еврейка,

но тя дойде при мен след службата и каза: „Г-н Поусън, искате да кажете, че Исус от Назарет все още е жив?"

Казах: „Да, дойдох тук, за да ви кажа това."

И тя каза следното: „Но ако е жив, тогава Той трябва да е *нашият* Месия." Тя не каза „вашият", а „нашият".

И аз казах: „Да, това е вярно". Тя попита: „Как мога да разбера дали Той е жив?" и аз я заведох в една стая отзад, настаних я в удобен стол и ѝ казах: „Ще те оставя за 15 минути и искам да поговориш с Исус. Говори на глас и ако Той е жив, ще ти отговори." Казах ѝ: „Разкажи Му за себе си, разкажи Му какво са ти казвали за Него; кажи Му какво мислиш за Него; кажи Му какво искаш най-много в живота. Просто си поговори с Него." Оставих я за 15 минути и когато се върнах, тя каза „Той е жив! Той е жив!" И знаете ли, че само след няколко минути тя ме учеше за Библията. Тя казваше: „Тогава това е вярно и това също е вярно" и цитираше Библията. Тя познаваше много добре Стария завет, а той е пълен с факти за Исус. И сега тя виждаше, че всички са верни. Аз се учих в следващите няколко минути от нея. Тя беше християнка само от една или две минути, а вече ме учеше от Библията за Исус.

Той е жив! И когато започнете да говорите с Него, да споделяте с Него, откривате, че Той отговаря. Не, не Го виждате. Ще Го видите, когато се върне; но говорите с Него и Той говори с вас, и вие знаете в духа си и в сърцето си, че възкресението е истина.

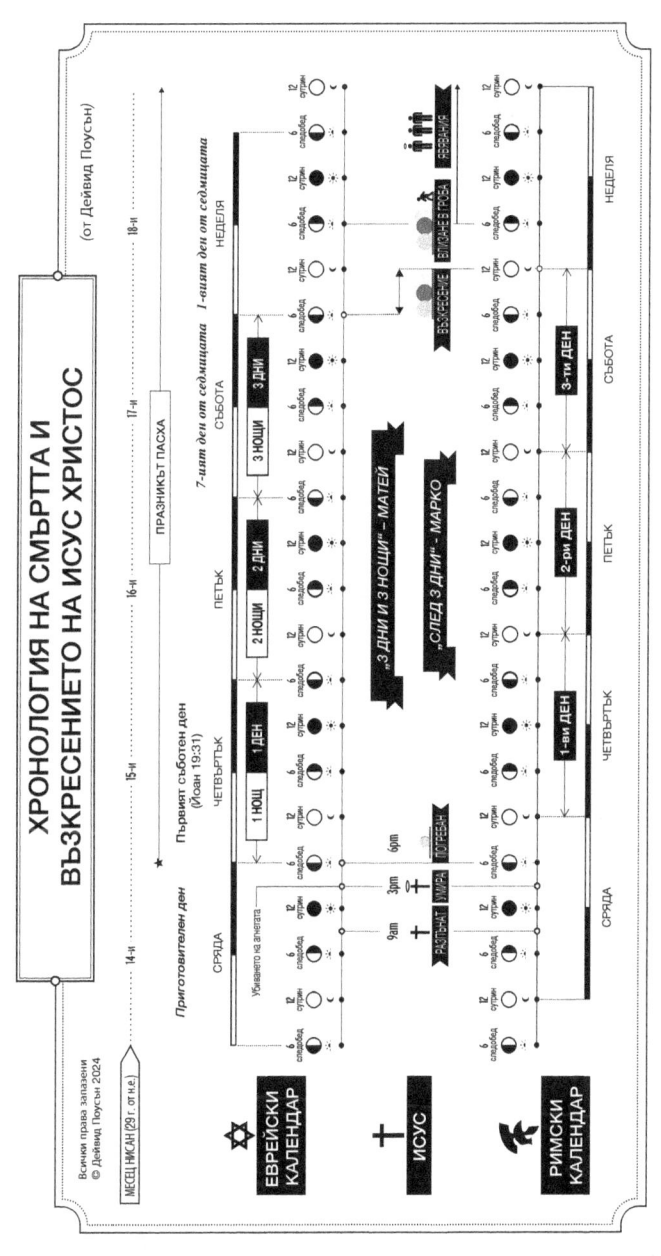

ЗА ДЕЙВИД ПОУСЪН

Проповедник и автор с безкомпромисна вярност към Светото писание, Дейвид носи ясно послание за това колко е важно за християните да намерят съкровищата, скрити в Божието слово.

Роден в Англия през 1930 година, Дейвид започва кариерата си с диплома по аграрни науки от Университета в Дърам. Когато Бог се намесва и го призовава за служение, той завършва магистърска програма по теология в Университета в Кеймбридж и три години служи като капелан в Кралските военновъздушни сили. След това е пастор на няколко църкви, включително Милмийд Център в Гилфорд, който се превръща в модел за много църковни водачи в Обединеното кралство. През 1979 Бог го призовава за международно служение. Понастоящем служението му е ориентирано предимно към църковните водачи. Дейвид и съпругата му Инид живеят в графство Хемпшир в Англия.

За годините на служение е написал е голям брой книги, брошури и бележки от ежедневното изучаване на Библията. Неговите обширни и в същото време много достъпни обзори на книгите на Библията са публикувани под заглавието *Ключът за Библията* и като книга, и като записи. Милиони копия на поученията му се разпространяват в повече от 120 страни и помагат на вярващите да изградят солидна библейска основа в своя живот.

За него се казва, че е „най-влиятелният западен проповедник в Китай" заради известната поредица *Ключът за Библията*, която се излъчва във всички китайски провинции от Good TV. В Обединеното кралство поученията на Дейвид често се излъчват по Revelation TV.

Изключително много вярващи из целия свят са били благословени посредством решението, което Дейвид взе през 2011, да предостави за безплатно ползване внушителната си сбирка от аудио и видео поучения. Тя се намира на **www.davidpawson.org**, а неотдавна създадохме и официален канал в **www.youtube.com**, където са качени всички негови видеа.

www.ingramcontent.com/pod-product-compliance
Lightning Source LLC
Chambersburg PA
CBHW070341120526
44590CB00017B/2976